Widmung

Für mich
Für dich
Für alle

Zeit für Dich = Lebenszeit
Fantasie- und Entspannungsreisen

Impressum

© 2018 Margitta Braasch

Umschlaggestaltung: Tredition

Lektorat: Christian Braasch und Burkhard Berger

Verlag und Druck:
tredition GmbH, Halenreie 40-44, 22359
Hamburg

ISBN Taschenbuch: 978-3-7469-5129-4
ISBN Hardcover: 978-3-7469-5130-0
ISBN e-Book: 978-3-7469-5131-7

Inhaltsverzeichnis

Vorwort

:) Du kennst das sicher...
Ein klitzekleiner, positiver, schöner Gedanke namens "ja, das mache ich" - in meinem Fall „Ich möchte ein Buch schreiben" - nistet sich fast unbemerkt in Deiner großen, fein gestrickten Gedankenwelt ein.

Du hast quasi ab diesem Moment keine Chance mehr, diesen Ohrwurm aus Deinem Kopf zu bekommen. Er hat sich in den unzähligen Weiten Deines Gedanken-Universums festgesetzt und es sich so richtig bequem bei Dir gemacht. Ganz aufgeregt und voller Tatendrang hat er an die Tür Deines Ideengeistes angeklopft. Nachdem der Gedanke seine Idee vorgetragen hat, wurde er von dem „Großen Weisen" - auch gerechter Hüter der Ideen genannt - in die Kategorie „ein bisschen verrückt, aber vielleicht umsetzbar" angelegt und für beobachtungswürdig eingestuft. Das heißt quasi, er ist mit fünf Sternen für dieses Projekt in Vorleistung gegangen.

Ab jetzt siehst Du ihn jeden Tag vor Deinem geistigen Auge. Mit einem zufriedenen, lächelnden Gesichtsausdruck, eingemummelt in Deine Lieblings-Flauschdecke und vielen gemütlichen Kissen, natürlich auf Deinem weichen Sofa liegend, genießt er es, Deine Gedankenwelt so richtig durcheinander zu würfeln. Ja, er schafft es sogar, zu jeder Uhrzeit, Schlaf- und Traumzeit natürlich nicht ausgeschlossen, Deine Aufmerksamkeit zu erhaschen, um sich immer wieder präsent zu zeigen. Ein chronisches Aufmerksamkeitsdefizit, ganz klar.

Er malt Dir die schönsten Zukunftsbilder Deines Vorhabens, die rosarot bis indigoblau sein können, aus. Mal sind es kleine, unscheinbare und manchmal riesige Gemälde, in denen Du Dich pudelwohl fühlst, aber Dich auch verirrst. Vielleicht gehst Du während dieser Findungsfrage auf einem Regenbogen spazieren, baust Dir ein perfektes Traumschloss, tanzt mit Regentropfen im Takt, lässt Deine Lieblingsblumen durch den Asphalt wachsen …Ja, und leider wären da noch die grauen bis schwarzen Farben, die Dich zweifeln lassen, Dich in die nüchterne Realität „Das wird nichts." hinein katapultieren. Er läßt Dich Deine heile Welt anzweifeln, will Deinen kleinen Gedanken zerstören und Deine schönen bunten Bilder in Nichts auflösen. Diese vielen Facetten Deinesklitzekleinen Gedankens haben es faustdick hinter den Ohren. Ich weiß wovon ich spreche.
…Wassertreten ist nichts dagegen.

Er fährt mit Deiner Gedankenwelt solange Karussel, bist Du Dich dazu entschließt, Deinen kleinen, freundlichen Ohrwurm entweder radikal, aber bestimmend wegen Aufgabe der Idee von Deinem Sofa zu schieben oder ihn wie in „meinem Fall" bittest, damit das Projekt gestartet werden kann, zu bleiben :).

Die vielen, bunten und Spaß bringenden Zukunftsvisionen, die das Gelingen des kleinen, anfänglich schüchternen Gedankens verwirklichen, konnten die vielen schwarzgrauen, mutraubenden, dichten Nebelkreaturen mit Leichtigkeit überzeugen, dem liebgewordenen Couchpotato - natürlich muss es von ganzem Herzen kommen - einen Dauerplatz auf dem Sofa einzurichten.

Mit dieser Entscheidung hast Du den unaufhaltsamen Start für die Umsetzung und Verwirklichung des kleinen Ohrwurm- Gedankens gelegt. Dein kleiner Mitbewohner richtet sich nun bis zum Projektende häuslich bei Dir ein. Im Gepäck hat er einen riesigen Geschenkkarton für Dich. Ja genau, Du ahnst schon, was drin ist. Beim Auspacken fliegen Dir wie aus Elfenhand positive Energien, kreative Ideen und Vorschläge und jede Menge Schachteln „unbeugsamer Wille" nur so entgegen. In meiner Welt heißen sie Entscheidungs-

Glückshormone. Diese winzigen Glücklichmacher haben es echt in sich.

Der aus den Gedanken entstehende Spaßfaktor aktiviert die „gute Laune", die Du in der Kategorie 'Vorfreude' auf Dein Vorhaben restlos verbuchen kannst.

Die wiederum sendet wertvolle Informationen an Dein Kreativ-Zentrum, wo der Hebel ganz feierlich jetzt auf „Höchstform aktiviert" gestellt wird. Jetzt bist Du bereit und kannst Dir gar nicht mehr vorstellen, wie Deine Gedankenwelt ohne diesen kleinen Ohrwurm jemals existiert hat. Schön, oder?

Dein immer gut gelaunter Ideengeist, der übrigens nie schläft, waltet seines Amtes und legt den schon ein wenig gewachsenen Ohrwurm in das Ablagefach „tägliche Wiedervorlage" samt Kuscheldecke und Kissen hinein. Dort kann er nun langsam heranwachsen und zu einem respektablen Plan heranreifen.

Er wird dort in seiner Wohlfühl- Ablagelounge mit vielen Ideen, verschiedenen Informationen, Träumen, Wünschen und Willenskraft, gepaart mit Konsequenz- und Durchsetzungsvermögen, gefüttert. Dieses dient dazu, dass alle um den Gedanken kreisenden rationalen, wie auch kreativen Ideen und nützlichen Informationen dort sicher als Nahrung zum Gedeihen und zur Ausführung und Verwirklichung abgespeichert werden. All diese gesammelten, unbezahlbaren

Ideenreichtümer werden dort direkt auf „hilfreich oder nicht", „gut oder schlecht", geprüft, verwertet oder auch wieder verworfen. Rom wurde ja bekanntlich auch nicht an einem Tag erbaut.

Dein fleißiger Ideengeist sendet Dir nun täglich eine Zusammenfassung der neuesten Entwicklung Deines Vorhabens an Dein Kopfzentrum und an Deine Herzabteilung.

Dort wird wiederum sicher gestellt, dass der Gedanke sich auch in Form, Farbe und Ausführung nach Deinen Wünschen entwickelt.

Das Kreativ-Zentrum schickt Dir immer die neuesten Updates und sorgt damit für klare, zeitlich junge, innovative und umsetzbare Pläne.

Nach dieser Phase wird es Zeit, das sich Dein Team, bestehend aus dem Ohrwurm, dem Ideengeist, dem Kreativ-, Herz- und Kopfzentrum, zusammensetzt, um mit der Umsetzung des Baby-Gedankens zu beginnen.

Natürlich kommen jetzt die Aufregung und die Vorfreude auf das Gelingen mit ins Spiel, weil alles greifbarer und letztendlich auch realisischer wird. Der kleine Gedankenohrwurm wird in die Tat umgesetzt und in meinem Fall bis zum Erscheinen „meines Buches" sind nur noch ein paar Handgriffe zu erledigen. Für die dann noch aufkommenden, schon abgeschwächten kleinen Zweifel der Schwarz-Grau-Fraktion, die das Projekt bis zum Schluss immer wieder versucht hat zu boykottieren, habe ich mit meinem Ohrwurm vereinbart, das negative Gedanken als konstruktive Kritik überdacht und in positive Energie bei Nichtakzeptanz umgewandelt werden.

Ich freue mich, wenn ich das erste Exemplar in meinen Händen halte, und bin gespannt, welchen klitzekleinen Ohrwürmern ich noch ein kuscheliges, zeitweiliges Zuhause geben kann.
Achtung: Bitte Vorsicht, Ohrwürmer, die umgesetzt wurden, machen supersüchtig.
Pass auf Dich auf! :)))

Viel Spaß beim Lesen oder Vorlesen der nachfolgenden Fantasiereisen, die für jegliche Arten von Entspannungsvarianten geeignet sind.
Vor jeder Fantasiereise findest Du ein Warm Up und nach der Reise ein Coming Back.
Während meiner Praxiszeit habe ich festgestellt, das Fantasiereisen, die z.B. vor oder nach einer „Progressiven Muskelentspannung" oder einem „Autogenen Training" gesetzt wurden, die Entspannungstiefe noch gesteigert haben. Um die Entspannung bei „Fantasiereisen Kursen" zu intensivieren, hat sich das Ausmalen von Mandala-Bildern nach der Reise bewährt.

Die Wüstenoase

Wenn Du eine angenehme Liegeposition gefunden hast, schließe bitte Deine Augen.
Du hast heute Zeit mitgebracht, Zeit nur für Dich. Eine Zeit voller Ruhe und Entspannung. Eine Zeit, um mit Dir in Kontakt zu sein, und eine Zeit, um Dich einfach fallen lassen zu können
Um die Muskelanspannungen des Tages ganz von Dir abfallen zu lassen, ziehe bitte beim nächsten Atemzug Deine Schultern hoch zu Deinen Ohren und beim Ausatmen drücke sie hinunter zu Deinen Füßen und bringe sie sofort wieder zur Mitte in eine natürliche, bequeme Haltung zurück.
2 Atemzüge Pause
Dein Atem fließt in Deinem Wohlfühl- Rhythmus durch die Nase ein und durch Deinen leicht geöffneten Mund wieder aus, sodass sich Deine Bauchdecke beim Einatmen hebt und beim Ausatmen wieder senkt. Bei jeder Ein- und Ausatmung macht sich eine angenehme Stille bei Dir gemütlich.
Alle Gedanken, die jetzt Deine Aufmerksamkeit haben möchten, lasse sie auf einer Wolke, die alle mitnimmt, weiterziehen, oder lege sie in eine schöne Schachtel, die Du später wieder öffnen kannst.

Ich möchte Dich nun gerne zu einer nicht weit entfernten, kleinen Wüstenoase mitnehmen.

Stelle Dir vor, Du gehst durch ein großes, weißes, geöffnetes Tor

Vor Dir liegt eine Wüstenlandschaft, an deren Horizont Du die Umrisse dieser kleinen, grünen Wüstenoase schon erkennen kannst.

Es ist spät am Nachmittag, die Sonne ist angenehm warm und strahlt Dir freundlich entgegen.

Du fühlst Dich gut und freust Dich schon darauf, die Oase entdecken und erleben zu können. Dort drüben, rechts von Dir, steht eine Karawane großer und kleiner Kamele mit ihren Führern und Reitern. Sie tragen bunte Tunikas und lange Hosen und schützen Ihren Kopf mit einem Turban. Ihre freundliche Ausstrahlung nimmt Dich direkt gefangen.

Sie möchten Dich gerne auf den kurzen Weg zur Oase begleiten. Schau, lächelnd winken Sie Dir zu und zeigen auf ein kleines Kamel, das sie für Dich bereit gestellt haben.

<u>1 Atemzug Pause</u>

Das gelassen dreinschauende Kamel hat sich schon hingehockt, damit Du bequem und sicher aufsteigen kannst. Wenn Du nicht reiten möchtest, kannst Du auch neben dem Kamelführer laufen, um Dir die Schönheit der Wüste und der nicht weit entfernten Oase anzusehen. Du freust Dich auf einen kleinen Ausritt mit diesen menschenfreundlichen Tieren und der Kamelführer ist Dir gerne beim Aufsteigen behilflich.

2 Atemzüge Pause

Das Kamel bewegt sich nun langsam und gemächlich der Sonne entgegen.

Es schaukelt ein wenig, aber der wunderschöne, weite Blick über die Wüstenlandschaft und der strahlend blaue Himmel lenken Dich direkt davon ab. Du empfindest es als angenehm, ein wenig hin und her gewogen zu werden. Die vor Dir liegenden Sanddünen glänzen in den schönsten und unterschiedlichen Ocker-, Gelb- und Gold- farben, die sich ständig, je nach Lichteinfall der Sonne, mal kräftig und mal pastellfarben zeigen. Ein Farbenspiel, das beeindruckender nicht sein kann. Egal, in welche Richtung Du schaust, überall ist es ruhig, friedlich und die Zeit scheint stehengeblieben zu sein.

Die Luft ist lauwarm und riecht angenehm frisch. Es ist windstill und nichts stört die angenehme Ruhe, die Dich umgibt.

Schau Dich um und tauche ab in das Farbenmeer der Ruhe und genieße die unendliche, schlicht wirkende Landschaft für ein paar Atemzüge.

3 Atemzüge Pause

Aus der Ferne hörst Du ein leises, sanft klingendes arabisches Flötenspiel. Die weichen

Töne und die lebendige schöne Melodie werden vom Wind zu Dir getragen, ohne die Stille Deiner Umgebung zu stören. Ton für Ton steigt Deine Vorfreude auf das, was vor Dir liegt. Die Wüstenoase, wird sie so aussehen wie Du es Dir immer vorgestellt hast? Sei gespannt und schau genau hin. Versuche sie zu riechen, zu hören,... Benutze alle Deine Sinne für ein unvergessliches Erlebnis.

3 Atemzüge Pause

Die Karawane hat jetzt die Oase erreicht und Dein Kamel hockt sich auf Befehl nieder, sodass Du mit Hilfe Deines netten Kamelführers leicht absteigen kannst.

Dein erster Blick wandert zu den riesigen Palmen, die die Oase einrahmen und Schatten spenden, vorbei an großen, duftenden, blühenden Sträuchern, die mit ihrer Farbvielfalt an den hochgewachsenen Agaven lehnen.

Bildschöne Kakteen in allen Größen und Formen stehen dicht zusammen und bilden mit dem leicht in Bewegung stehenden, dichten Büffelgras, das jeder Oase ihr typisches Flair verleiht, ein faszinierendes Naturschauspiel.

3 Atemzüge Pause

Langsam gehst Du weiter und erkennst unter den Palmen hübsche Sitzkissen, die aus schönen, bunten Stoffen mit verschiedenen orientalischen

Ornamenten bestickt sind. Sie fühlen sich so weich und kuschelig an.

Um das ganze Farbenspiel, die Stille und das unaufdringliche melodische Flötenspiel genießen zu können, möchtest Du es Dir unter einer Palme bequem zu machen.

Auf dem Weg dorthin gehst Du an einem großen Tisch entlang. Sein Holz ist dunkelbraun und auf der Tischoberfläche kannst Du zwischen den vielen schönen, mit Obst und anderen Leckereien gefüllten silbernen Schalen und den mit Wasser befüllten schlanken Karaffen hellblaue und weiße antike Malereien erkennen.

Du hast Dich für eine Palme entschieden, Dein weiches Kissen zurecht gelegt und es Dir bequem gemacht.

Nimm Dir jetzt vielleicht die Zeit

...um die Weite des Horizonts zu bestaunen,

...um die Düfte zu genießen, die vom Wind zu Dir getragen werden,

...um den zarten Tönen des Flötenspiels zu zuhören,

...um die Wärme der bald untergehenden Sonne zu genießen, ...um in die Ferne zu schauen und dabei zu träumen

...oder genieße das Hier und Jetzt, um für den Alltag Kraft und Energie zu tanken.

Das weiche Kissen, auf dem Du sitzt, und die starke, stolz gewachsene Palme, an der Du lehnst, geben Dir ein Gefühl der Geborgenheit.

4 Atemzüge Pause

Die Sonne geht langsam, rot schimmernd unter und es ist Zeit, sich auf den Heimweg zu machen. Du stehst auf und freust Dich schon auf den Weg zurück durch die Wüste. Auf das sanfte Schaukeln und die Farbenvielfalt, die die untergehende Sonne in den Sand malen wird. Die Kamele und ihre Führer stehen schon bereit, um Dir beim Aufsteigen behilflich zu sein.

2 Atemzüge Pause

Langsam und gemächlich setzt sich die Karawane in Bewegung. Die Sonnenstrahlen wärmen jetzt Deinen Rücken und Du verweilst noch in Gedanken an Deinem Platz unter der Palme.

Die Kamele trotten ihren Weg entlang, während Du die Weite und die Schönheit der Wüste noch mal genießen kannst. Schau mal, die rot untergehende Sonne lässt die kleinen Sandkristalle wie bunte Kügelchen schimmern.

10 Atemzüge Pause

Schau Dich noch mal um, die Oase ist jetzt nur noch als kleiner, grüner Tupfer zu erkennen.

Die Weite und die Farben der Wüste heben die Zeit und den Raum einfach auf. Das Flötenspiel ist kaum noch hörbar, aber die harmonischen

Klänge und die zarte eingängige Melodie klingen noch in Dir nach.

2 Atemzüge Pause

Langsam bewegt sich die Karawane auf das große, weiße Tor zu.

Dein Kamel hockt sich nieder und der freundliche Kamelführer hilft Dir aus dem Sattel. Nach einem Dankeschön für diesen schönen Ausflug gehst Du langsam auf das weiße Tor zu.

1 Atemzug Pause

Bevor Du es erreichst, lasse die erlebte Stille der Wüstenoase, das friedliche Zusammenspiel zwischen Mensch, Tier und Natur noch mal auf Dich wirken.

Wann immer Du magst, hole Dir dieses Gefühl zurück, wenn es mal wieder schneller in Deinem Leben laufen sollte als Du es vielleicht möchtest.

5 Atemzüge Pause

Nun wird es Zeit, im Hier und Jetzt wieder anzukommen. Du fühlst Dich ausgeruht, Dein Geist ist hellwach und Du bist bereit für Deinen Alltag. Bewege Deine Arme und Beine. Hebe Dein rechtes und dann Dein linkes Bein an und ziehe dabei die Zehen zu Dir. Strecke Deine Arme dabei so weit es möglich ist nach oben.

Wenn Du Dich wach fühlst, schenke Dir ein schönes Lächeln und öffne Deine Augen.

Im Feenland

Um zur Ruhe zu kommen, mache es Dir so bequem wie möglich.

Lege Dich so hin, wie Du Dich am wohlsten fühlst und schließe Deine Augen.

Um die Muskelanspannungen des Tages ganz von Dir abfallen zu lassen, ziehe bitte beim nächsten Atemzug Deine Schultern hoch zu Deinen Ohren und beim Ausatmen drücke sie hinunter zu Deinen Füßen und bringe sie sofort wieder zur Mitte in eine natürliche, bequeme Haltung zurück.

<u>2 Atemzüge Pause</u>

Hier und jetzt, am Abend des Tages, kannst Du Dich entspannen, weil Du weißt, dass Du hier und jetzt zur Ruhe kommen kannst.

Nehme bewußt Deinen Atem wahr, wie er gleichmäßig und völlig ruhig durch das Heben und das Senken Deines Brustkorbes bei jeder Ein- und Ausamtmung sanft in Deinen Bauch hinein gleitet und Dich tiefer und tiefer in die Entspannung führt.

Gebe der umliegenden Stille die Chance, es sich bei Dir bequem zu machen

<u>3 Atemzüge Pause</u>

Du fühlst Dich immer wohler und Dein Körper sich immer leichter oder auch schwerer an. Alle Gedanken, die jetzt Deine Aufmerksamkeit haben möchten, nehme sie kurz wahr und lasse sie mit dem Gedanken weiterziehen, Dich später darum zu kümmern. Eine wohlige Wärme umgibt Dich und Du bist nun bereit, Dich von hier aus auf eine Reise in das Feenland zu machen.

<u>1 Atemzug Pause</u>

Du gehst durch ein weißes, offen stehendes Tor und stehst schon in dem bunten und lebendigen Land der Feen.

In einem Land

...wo die Zeit nicht vergeht,

...wo die pure Freude wohnt,

...wo alles möglich ist

...und wo es keine Begrenzungen für Dich gibt.

Hier, im Feenland, dass so farbenfroh, friedlich und fröhlich ist, gibt es keine Verpflichtungen, keine Zeitnot und alles sieht so aus und ist so, wie Du es möchtest. Wie schön es hier ist. Wie gut es hier riecht und wie glücklich Du bist. Unübersehbar am Horizont scheint Dir das magische, weiß leuchtende, strahlende Zauberlicht entgegen, das überall im Feenland sichtbar ist und das wie ein Konfettiregen auf Dich herabfällt. Nimm Dir ein paar Augenblicke Zeit und genieße die Kraft der Gelassenheit, spüre die Zufriedenheit und Leichtigkeit, die Dir das Zauberlicht jetzt gerade in diesem Moment schenkt.

<u>5 Atemzüge Pause</u>

Um den weichen und warmen Rasenboden unter Deinen Füßen zu spüren, ziehe, wenn Du magst, Deine Schuhe aus. Laufe jetzt ein kleines Stück auf die kleine Baumgruppe zu, die nur ein paar Meter von Dir entfernt steht. Die Bäume sind unterschiedlich groß und haben ovalförmige, dickfleischige Blätter.

In verschiedenen Grüntönen hängen die Blätter vergnügt an den glatten Ästen herunter und verdecken die vielen kleinen Holzleitern, die liebevoll aus kleinen Ästen, Blumenhalmen und Blüten angefertigt wurden. Sie schlängeln sich am Baumstamm bis hoch in die Baumkrone hinein.

Auf jedem starken Ast stehen kleine, fantasievoll gestaltete, bunte Baumhäuser, die mit blühenden Blumen, verschiedenen Gräsern, Moos und Rosenblüten geschmückt sind. Wie das duftet!

<u>2 Atemzüge Pause</u>

Eine kleine Fee namens Anchrisyan (übersetzt = liebevolles Geschenk des Zauberlichts) winkt Dir lächelnd vom Baum zu. Sie trägt ein wunderschönes, mit weichen Federn geschmücktes Blütenkleid, passend dazu einen sehr außergewöhnlichen Kopfschmuck, und lädt Dich mit einem unwiderstehlichen Lächeln ein, sie zu den traumhaften Wasserfällen des Zauberlandes zu begleiten. Du lässt Dich sehr gerne ein wenig herumführen und ihr macht euch gemeinsam auf dem Weg. Es ist angenehm warm, die Sonne und das Zauberlicht strahlen euch entgegen. Der Himmel ist wolkenlos und ein ganz leichter Wind verbreitet einen süßlichen Aromaduft der vielen Blumen und Gräser, die hier wachsen.

Überall sind im Feenland die Freude und das Glücklichsein, die Ruhe, die Gelassenheit und eine ansteckende Lebensfreude zu spüren. Ihr lauft jetzt querfeldein auf einem weichen, trockenen Rasenboden,

......vorbei

an aufeinandergestapelten, kleinen und großen Felsen, die mit bunt gesprenkelten Blumen bewachsen sind. Die darunter liegenden dickfleischigen Gräser mit einer weichen Samtoberfläche, die sich an den rauen Felssteinen entlanghangeln, schützen die filigranen, zart wachsenden Blüten.

2 Atemzüge Pause

......vorbei

an einem königlichem Baumpalast, der aus unzählig vielen großen und kleinen, runden und langgezogenen, schiefen und geraden Türmchen besteht.

Jedes Türmchen hat seinen eigenen Charme,

...die einen strahlen im Zauberlicht regenbogenfarben,

...andere blitzen in Beerentönen,

...einige leuchten je nach Lichteinfall in Wasserfarben

...und einige glimmen in einer weißen und goldenen Farbenpracht.

Es sieht einfach traumhaft aus und überall herrscht ein emsiges Treiben, denn in dem riesigen Gemeinschaftpalast soll bald ein großes Fest stattfinden.

Schau mal, dort drüben werfen einige kleine Feen Blüten in die Luft und einige werden vom Wind mitgenommen.

<u>2 Atemzüge Pause</u>

......vorbei

an Obstplantagen, die an das Schlaraffenland erinnern. Jede Frucht sieht wie gemalt aus. Die kleine Fee Anchrisyan pflückt Dir ein Obststück Deiner Wahl. Ihr setzt euch für eine kleine Pause gemütlich auf einen runden Stein, genießt eure kleine Zwischenmahlzeit und schwärmt gemeinsam von der Süße der frischen Früchte.

Ihr schaut dabei einigen Feen bei der Ernte zu. Sie tragen die gefüllten Körbe auf ihren Köpfen und laufen singend zum königlichen Baumpalast, damit das große Fest unvergesslich wird.

Ein kleiner Windhauch trägt das süßlich und appetitliche Aroma der Früchte noch einmal zu Dir. Kannst Du es riechen?

<u>2 Atemzüge Pause</u>

......vorbei

an einem großen Teich, der von riesigen Wassergräsern umgeben ist. Verschiedenfarbige, große und kleine bunte Fische springen vergnügt an die Wasseroberfläche, um keinen warmen Sonnenstrahl zu verpassen. Das Wasser ist diamantenklar und die Unterwasserwelt schillert in tausend undeiner Farbe. Jeder Maler würde sein Atelier hier aufschlagen.

<u>2 Atemzüge Pause</u>

Vor Dir liegt nun ein begrünter Berg, der von Wiesen und Feldern umrahmt ist. Auf den Rücken eines Einhorn reiten gerade ein paar Feen, die Dir fröhlich zuwinken, vorbei. Zur Begrüßung streuen sie Dir freudig Blüten aller Farben entgegen. Ihre gute Laune ist ansteckend.

Sie tragen auch ihre Musikinstrumente bei sich, um Dir gleich bei den Zauberwasserfällen eine Willkommensmelodie zu spielen, um Dich in ihrem Land willkommen zu heißen.

Jetzt sind es wirklich noch ein paar Schritte auf dem weichen warmen Grasboden und die kleine Fee Anchrisyan ist schon ganz gespannt, wie es Dir dort gefallen wird. Sie ist vor Freude total aus dem Häuschen. Du merkst es daran, das sie Dich vergnügt darauf hinweist, wenn Du jetzt genau hinhörst, dass Du jetzt schon das leise Rauschen des Wasserfalls und das fröhliche Musikspiel der Feen hören kannst.

Einige von Ihnen lassen für Dich Rosenblüten regnen, die vom Wind immer wieder hoch in die Luft gewirbelt werden.

1 Atemzüge Pause

Gehe noch ein paar Schritte und bestaune nun in diesem Moment den Wasserfall, der vom Zauberlicht angestrahlt,

...in smaragdgrün,

...in saphirblau,

...in sonnengelb

...und in rubinrot

leuchtend in einen kleinen, kristallklaren See sanft und leise hineingleitet.

Dieses Farbenspiel bestrahlt die groß gewachsenen Bäume, die ihre starken Wurzeln preisgeben, blühende Sträucher und wildwüchsige Blumen, die den See liebevoll eingerahmt haben.

Die kleine Fee Anchrisyan steht lächelnd klatschend neben Dir und freut sich darüber, das sie Dir das schönste Land mit dem schönsten Wasserfall zeigen durfte. Wie glücklich sie aussieht und automatisch lächelst Du mit ihr um die Wette. Na, wer wird wohl gewinnen?

Ihr setzt euch nun für ein paar Augenblicke ins dichte, grüne Gras, lasst euch von der Schönheit dieses Zauberlandes verführen oder wenn Du magst, kannst Du auch schwimmen gehen. Genieße dabei den vom Zauberlicht angestrahlten Wasserfall in seiner ganzen Schönheit und lass Dich begeistern, lasse Dich verzaubern von der leisen, fröhlichen Musik und dem Gesang der Feen.

<u>20 Atemzüge Pause</u>

Alle kleinen Feen haben sich nun in einer Reihe vor Dir aufgestellt, um sich von Dir zu verabschieden. Jede Einzelne bekommt eine liebevolle Umarmung von Dir und nun ist es Zeit, sich auf den Heimweg zu machen. Die kleine Fee Anchriyan begleitet Dich natürlich gerne wieder zurück.

... vorbei an dem Fischteich,

wo die Fische, ohne müde zu werden, immer noch der Sonne entgegen springen.

<u>2 Atemzüge Pause</u>

...vorbei an den Obstplantagen,

die Dir mit dem Wind noch einmal ein süßes Aroma schicken,

<u>2 Atemzüge Pause</u>

... vorbei an dem königlichem Baumpalast,

der gemütlich und einladend aussieht und für die baldigen Festtage prächtig geschmückt wurde,

<u>2 Atemzüge Pause</u>

... vorbei an den Blumenfelsen,

die Dir noch einmal geheimnisvoll entgegen leuchten, bis Du das große, weiße, offenstehende Tor erreicht hast.

<u>1 Atemzug Pause</u>

Atme noch mal den Duft der unzähligen Blumen ein und nehme das Geschenk des Zauberlichts an,

Dich noch mal mit Liebe, Kraft und Zufriedenheit zu betanken.

Schon jetzt weißt Du, dass Du bald wieder ins Feenland reisen wirst, wenn es mal wieder Zeit zum Entspannen ist.

Gestärkt, entspannt, glücklich und voller Energie nimmst Du das Senken und Heben Deines Brustkorbes und Deinen gleichmäßigen Atem wahr. Du nimmst wahr, wie sich langsam Deine inneren Bilder auflösen, wie sich Deine Arme und Beine dehnen und strecken möchten und wie sich Dein Körper wach und frisch anfühlt.

Lass Dir Zeit, Dich zu recken und strecken und wenn es sich für Dich richtig anfühlt, komme ins Hier und Jetzt zurück. Nicht vergessen, schenke Dir ein liebes Lächeln und öffne erst dann Deine Augen.

Ballonreise über den Nationalpark Massai Mara

Wenn Du eine angenehme Liegeposition gefunden hast schließe bitte Deine Augen.
Um die Muskelanspannungen des Tages ganz von Dir abfallen zu lassen, ziehe bitte beim nächsten Atemzug Deine Schultern hoch zu Deinen Ohren und beim Ausatmen drücke sie hinunter zu Deinen Füßen und bringe sie sofort wieder zur Mitte in eine natürliche, bequeme Haltung zurück.
2 Atemzüge Pause
Dein Atem fließt gleichmäßig und in Deinem Rhythmus durch die Nase ein und durch Deinen Mund wieder aus.
Bei der Einamtmung hebt sich Deine Bauchdecke und beim Ausatmung senkt sie sich wieder.
2 Atemzüge Pause
Du kommst immer mehr und mehr zur Ruhe und wieder macht sich eine innere Stille bei Dir bequem.
Gedanken, die sich in Deinen Geist drängen, nehme sie kurz wahr und schicke sie mit einem leichten Windstoß fort.
Ich lade Dich ein, mit mir eine Ballonfahrt über den Massai Mara in der Serengeti von Afrika zu unternehmen.
1 Atemzug Pause

Durch ein weit geöffnetes, weißes Tor kannst Du schon erkennen, das die Morgensonne gerade aufgegangen ist, und einen Safari-Jeep, der darauf wartet, uns direkt zum Ablegeplatz unseres Ballons zu fahren. Die Türen stehen weit auf, sodass Du direkt einsteigen kannst. Nachdem Du es Dir bequem gemacht hast, geht es auch schon los. Während der Fahrt kannst Du Dir in Ruhe den wunderschönen Sonnenaufgang in allen erdenklichen Rottönen ansehen.

1 Atemzug Pause

Angekommen, besteigen wir den gut ausge-polsterten Korb. Suche Dir einen schönen Platz aus, auf dem Du es Dir richtig bequem machen kannst.

1 Atemzug Pause

Lautlos und sanft hebt sich jetzt der Korb vom Boden ab und schwebt der leuchtenden Morgensonne entgegen. Du fühlst Dich gut und freust Dich auf eine interessante Rundfahrt über den Massai Mara. Langsam und in einer Dir angenehmen Wohlfühlhöhe gleitet der Ballon über dem in diesem Gebiet lebenden Volksstamm der Massai.

1 Atemzug Pause

Vor Dir breitet sich die nicht endend wollende, grüne, flache Grassteppe aus. Grün, so weit das Auge reicht, und weiter… Der Ballon fährt langsam über diese fantastische Landschaft zu der Steppe, die nur von einzelnen kleinen Bäumen, die Mensch und Tier Schatten spenden, unterbrochen wird. Dieses Bild ist wegen seiner gigantischen, unbeschreiblichen Weite kaum erfassbar. Genieße diesen Moment ein paar Atemzüge.

2 Atemzüge Pause

Schau, das Grasmeer wird nun von vereinzelt stehenden, verschieden großen, grau bis schwarzen Granitfelsen und Steinen unterbrochen. Dieser Teil ist das bevorzugte Gebiet der Löwenherden. Hier haben die Tiere ein Versteck und können ihre Beute durch den Überraschungseffekt schneller erlegen.

Der Ballonführer fährt jetzt knapp über den Boden entlang, damit Du ein gerades aufgewachtes Rudel Löwen aus nächster Nähe beobachten kannst, das, so scheint es, sich von den noch angenehmen warmen Sonnenstrahlen in den Tag tragen lässt. Sie gähnen herzlich und sehen noch ein wenig zerknittert aus.

Die Junglöwen hingegen, die noch etwas schlaksig umhertapsen, vertreiben sich die Zeit damit herauszufinden, wer der Stärkere von ihnen ist. Sie springen aneinander hoch, stellen sich auf ihre Hinterpfoten und versuchen, sich gegenseitig mit der Kraft ihrer Vorderpfoten zu Boden zu bringen. Ein lautes Aufbrüllen des Muttertieres unterbricht das Kräftemessen der Jungtiere. Sie laufen zu ihr und zur Belohnung werden sie von ihr mit einem Zungenschnalzer geherzt. So schön ...

2 Atemzüge Pause

Nun geht es vorbei an einer großen Herde einheimischer Zebras ins Herzstück des Parks. Alle Tiere sehen gleich, aber doch unterschiedlich aus. Es sind fast tausend Tiere, aber durch die Weite der Steppe sieht die Herde viel kleiner aus. Sie grasen vor sich hin und stören sich nicht daran, wie Du sie aus dem Ballon beobachtest.

2 Atemzüge Pause

Jetzt fahren wir entlang an riesigen Gelbrindenakazien, die auch Fieberbäume genannt werden. Die Kräuter dieses Baumes sollen Klarheit in Träume bringen. Hier schlängelt sich auch der Fluss Mara River durch das bewaldete Gebiet, dem wir folgen. Hier können wir die Schwarzhalsreiher beobachten, die gerade in Scharen an uns vorbei fliegen. Ihr lautes Kreischen hört sich wie eine nette Begrüßung an. Sie werden uns für eine Weile durch den Park begleiten.

2 Atemzüge Pause

Eine Elefantenherde, ist direkt unter uns zu sehen, die sich mit ihrem Nachwuchs im Wasser die Zeit vertreibt.

2 Atemzüge Pause

Gleich erreichen wir die Flusspferde, die sich faul der Sonne entgegenstrecken und sich von ihren langen und anstrengenden Tauchgängen erholen. Sie laufen durch das Wasser, weil sie angeblich nicht schwimmen können. Du kannst viele kleine Gruppen sehen, denn sie rotten sich immer bis zu dreissig Tieren zusammen.

2 Atemzüge Pause

Jetzt gleiten wir weiter über Wälder, die von riesigen Sümpfe durchzogen sind, und erreichen gleich ein kleines Dorf der Massai.

Schon jetzt kannst Du die 1,50 Meter hohen Lehmhütten erkennen, die im Kreis auf Weidenflächen aufgebaut sind.

Ein hoher, aus vielen Ästen zusammen gesetzter Zaun schützt die Einwohner und das jeden Abend in die Mitte der Häuser getriebene Vieh vor Wildtieren, damit sie nicht gerissen werden.

2 Atemzüge Pause

Wir fahren wieder ein wenig tiefer, um die Dorfbewohner durch Winken zu begrüßen. Die Frauen sind bunt gekleidet und nach alter Tradition mit vielen Perlen geschmückt. In naher Ferne kannst Du eine große Viehherde sehen, die von den Männern des Dorfes in roter Kleidung behütet wird.

2 Atemzüge Pause

Der Ballon steigt ein wenig höher und Du hörst den leichten Wind, der liebevoll über die Savanne streicht. Schau Dich noch mal um, beobachte, höre und rieche die unendliche Weite, bevor wir gleich unseren Landeplatz wieder erreichen

5 Atemzüge Pause

Langsam und stetig verliert der Ballon jetzt an Fahrt und Höhe, denn die kleine Rundreise über den Massai Mara geht zu Ende. Der Ballon setzt jetzt langsam mit einem kleinen Ruck auf. Du steigst aus, bedankst Dich bei dem Ballonführer. Langsam laufen wir Richtung Jeep, der uns wieder zurück zum weißen Tor bringt.

2 Atemzüge Pause

Dort angekommen, drängt sich unser Geist schon wieder ins Hier und Jetzt. Wenn Du bereit bis anzukommen, strecke Deine Beine und ziehe dabei die Zehen zu Dir. Lege Deine Arme hinter Deinem Kopf und bleibe in dieser Haltung ein paar Sekunden liegen. Jetzt kannst Du Arme und Beine ausschütteln und bevor Du Deine Augen öffnest, schenke Dir ein liebes inneres Lächeln.

Der Baum

Du bist nun hier angekommen und hast Dich auf Deiner Matte ausgestreckt.
Du hast Zeit mitgebracht, Zeit nur für Dich. Es ist Deine Zeit, um zu entspannen und um ganz bei Dir zu sein.

1 Atemzug Pause

Um die Muskelanspannungen des Tages ganz von Dir abfallen zu lassen, ziehe bitte beim nächsten Atemzug Deine Schultern hoch zu Deinen Ohren und beim Ausatmen drücke sie hinunter zu Deinen Füßen und bringe sie wieder zur Mitte in eine natürliche, bequeme Haltung zurück.

2 Atemzüge Pause

Nehme nun die Auflagepunkte Deines Körpers wahr. Beginne bei Deinen Fersen. Lasse die ganze Schwere Deiner Füße in die Fersen gleiten. Fühle, wie Deine Waden in Deine Matte sinken. Die Muskulatur Deiner Oberschenkel wird ebenfalls ganz leicht von Deiner Unterlage getragen.
Gib ihnen Raum und lass sie noch ein wenig tiefer in Deine Matte sinken und spüre dabei, wie Mutter Erde Deinen Rücken trägt und stützt. Weich und warm schmiegt sich Dein Kopf in das Kissen. Schenke nun Deiner Gesichtsmuskulatur Deine Aufmerksamkeit. Deine Stirn ist ganz glatt. Dein

Kiefer ist locker und entspannt und Deine Augen-
lider liegen sanft auf.

<u>2 Atemzüge Pause</u>

Atme die wunderbare Gelassenheit der Stille, die
diesen Raum erfüllt, tief ein, so dass sich Deine
Bauchdecke beim Einatmen hebt und wieder
senkt, wenn Du ausatmest. Gedanken, die Deine
Aufmerksamkeit möchten, schicke sie einfach in
eine Schachtel oder setze sie auf eine Parkbank,
wo Du sie später wieder abholen kannst.

<u>2 Atemzüge Pause</u>

Freue Dich auf eine kleine Reise, die wieder an
einem großen, weißen Tor beginnt. Öffne sie und
stelle Dir vor, dass heute Dein freier Tag ist.
Draußen ist es sonnig und die angenehm warmen
Sonnenstrahlen locken Dich hinaus. Du fühlst
Dich gut und freust Dich darauf, endlich mal
wieder einen kleinen Spaziergang in der kleinen
Parkanlage zu Deinem Liebling, einem uralten
Mammutbaum, ganz in Deiner Nähe, zu machen.
Nachdem Du Deine Wohlfühljacke übergestreift
hast, machst Du Dich auf dem Weg. Dein erstes
Abenteuer des Tages kann jetzt beginnen. Ein
schöner Gedanke, oder?

<u>2 Atemzug Pause</u>

Am Eingangstor angekommen, bewunderst Du
wie jedes Mal diesen majestätisch, aber schlicht
gehaltenen Eingang. Ein großer Torbogen aus
weißen, mit verschiedenen Grautönen

marmorierten großen Sandsteinen. Rechts und links daneben wurden Baumbussträucher gepflanzt und zur Bewachung des tausendjährigen Mammutbaumes sind zwei große, friedlich schauende Löwen aus schwarzen Fels symbolisch aufgestellt worden.

<u>2 Atemzüge Pause</u>

Voller Elan betrittst Du den schmalen, mit frischen Holzspänen angelegten Parkweg, der sich durch den überschaubaren, lichten Park schlängelt. Du fühlst Dich hier wie zu Hause und nimmst sofort die wohltuende Ruhe, die Dich hier umgibt, wahr. Diese kleine Auszeit in der Natur ist für Dich ein kleiner Gedankenurlaub, der Dich frei durchatmen lässt. Atemzug für Atemzug nimmst Du die klare und frische Luft auf, um Deine Kraftreserven mit neuen Energien zu betanken. Deine Gedankenwelt wird mit jedem Schritt immer ruhiger.

<u>2 Atemzüge Pause</u>

Überall, wo Du auch hinschaust, siehst Du die Natur erwachen. Die Bäume tragen schon kleine Blütenknospen, die Sträucher zeigen ihre Babyblätter, und die ersten Frühlingsblumen strahlen mit Deinem inneren Lächeln um die Wette.

<u>2 Atemzüge Pause</u>

Du schlenderst im Entspannungsschritt den Weg weiter entlang. Die kleinen, kniehohen Hecken, die labyrinthartig angelegt worden sind, ziehen

Dich automatisch an. Jedes Mal, wenn Du hier bist, musst Du sie einfach durchlaufen. Es ist schon fast ein Ritual geworden.

1 Atemzug Pause

Schritt für Schritt sind auch noch die ganz hartnäckigen, vorhandenen alltäglichen Anspannungen von Dir abgefallen. Du merkst es daran, dass Deine Schritte immer leichter werden. Ohne Hinderungen können nun Deine Lebensenergien, Deine Antriebskraft und Dein Unternehmungsgeist durchströmt werden. Wie fühlt sich das an?

2 Atemzüge Pause

Alles um Dich herum hat sich auf Frühling eingestellt. Überall drängt sich die Natur ans Licht. An Deiner Lieblingswiese angekommen, wirst Du mit dem Anblick blühender Blumen belohnt. Ein riesengroßer Blumenstrauß schickt Dir ein „Schön, dass Du vorbeischaust." Tulpen, Narzissen und jede Menge Wildblumen begleiten den Winter jetzt in die Sommerpause. Ja, endlich ist es Frühling. Dieser Duft, schnuppere mal...

3 Atemzüge Pause

Für eine kleine Pause setzt Du Dich unter den alten Mammutbaum, der mitten in dieser Blumenpracht steht, und lehnst Dich an seinen starken Stamm. Die Sonnenstrahlen finden einen Weg vorbei an den jungen Blättern und wärmen Dich.

Deine Hände berühren das trockene und weiche Gras. Es war eine wirklich gute Entscheidung, hier Deinen freien Tag zu beginnen und zu genießen. Du fühlst Dich gerade richtig glücklich.

Atme jetzt mal tief aus,...so wie ein Seufzer der Zufriedenheit.

<u>2 Atemzüge Pause</u>

Schau sie Dir an, die vielen kleinen, grünen Blütenknospen.

Sie erinnern Dich gerade an einen Text, den Du kürzlich erst gelesen hast. Denn ...

Der Baum,
er spiegelt das Sein.
Seine Wachstumskraft wird über die Wurzeln durch den Stamm
bis hoch zur Baumkrone gebraucht,
damit er sich immer wieder zu jeder Jahreszeit wandeln
und verändern kann,
aber dennoch,
bleibt er immer der Gleiche, jedes Jahr aufs Neue.

<u>2 Atemzüge Pause</u>

Nehme die Kraft und die Energien des Baumes über Deinen Rücken auf, damit sie Dich in Deinem Alltag stärken. Mit jeder Einatmung wirst Du mit Lebenslust beschenkt, die Dir Sicherheit und Mut für Deinen weiteren Weg gibt. Das daraus entstehende Selbstvertrauen lässt Dich immer wieder neu wachsen und auch verändern. Dieses stetige Wachsen und Verändern bieten Dir Platz und Raum für Deine Gefühle, für Deine Wünsche, für Deine Emotionen, für Deinen Tatendrang und für Deine Träume. Genieße die Magie der Natur noch ein kleines Weilchen.

10 Atemzüge Pause

Bevor Du gleich aufstehst, um Dich auf den Rückweg zu machen, schenke dem Mammutbaum noch eine herzliche Umarmung. Zufrieden, gestärkt, erholt und voller Taten- und Entdeckerdrang schlenderst Du mit leichten Schritten den kleinen Parkweg wieder langsam zurück. Pflücke Dir unterweges noch eine Blume, die Dich morgen an Deinen schönen, freien Tag erinnert.

3 Atemzüge Pause

Langsam wie ein Blatt gleitest Du im sanften Wind mit all Deinen gerade erlebten inneren Bildern zurück auf Deine Unterlage und beginnst jetzt damit, im Hier und Jetzt anzukommen.

Nehme noch einmal Deine Auflagepunkte wahr, spüre wie leicht Deine Fersen, Waden und Oberschenkel aufliegen, wie Deine Schultern und Dein Kopf locker auf Deinem Kissen liegen und Deine Gesichtsmuskulatur lässt Du durch ein Lächeln noch entspannter aussehen.

Bewege Deine Hände rechts und dann links im Kreis, strecke Deine Arme nach oben und ziehe

sie so lang wie möglich. Ziehe Deine Zehen nach oben,
strecke Deine Beine und spanne Deine Gesäßmuskulatur an. Wenn Du Dich wirklich wach fühlst, schenke Dir ein liebes Lächeln und öffne Deine Augen.

Sonnenkörperreise

Lege Dich nun bequem hin, so wie Du Dich am wohlsten fühlst, und schließe bitte Deine Augen.

<u>1 Atemzug Pause</u>

Um die Muskelanspannungen des Tages ganz von Dir abfallen zu lassen, ziehe bitte beim nächsten Atemzug Deine Schultern hoch zu Deinen Ohren und beim Ausatmen drücke sie hinunter zu Deinen Füßen und bringe sie sofort wieder zur Mitte in eine natürliche, bequeme Haltung zurück.

<u>2 Atemzüge Pause</u>

Fühle noch mal nach, ob Dein Kopf bequem auf Deinen Kissen liegt,

ob Dein Nacken, Deine Schultern, und Dein Rücken locker und ohne Anspannung aufliegen. Genieße es, mal wieder hier am Abend eines schönen Tages ein paar Momente mal nichts zu tun.

<u>2 Atemzüge Pause</u>

Leicht und ruhig fließt Dein Atem. Mit jedem Atemzug hebt und senkt sich Dein Brustkorb. Jeder Luftzug geht durch die Nase tief in Deinen Bauch hinein und durch den leicht geöffneten Mund wieder aus und begleitet Dich so in eine tiefe Entspannung.

<u>2 Atemzüge Pause</u>

Gedanken, die jetzt Deine Aufmerksamkeit möchten, nehme sie kurz wahr und lasse sie sofort wieder los. Schicke sie behutsam dort hin, wo Du sie später wieder einsammeln kannst. Dein Körper fühlt sich immer leichter oder auch schwerer an, Dein Geist immer ruhiger und wie durch Zauberhand macht sich eine innere Stille bei Dir bequem.

<u>2 Atemzüge Pause</u>

Stelle Dir vor, auf Deinen beiden großen Zehen liegt jeweils eine warme und leuchtende Sonne, die sich, ohne herunter zu fallen, immer Deinen Körperbewegungen anpasst. Ihre Lichter schimmern in einer Farbe oder mehreren Farben, die Dir in diesem Moment am besten gefällt.

Oder sind es die Farben der Morgen- oder der Abendsonne, die Dir bunt und warm entgegen leuchten? Vielleicht sind sie mit glitzernden Konfetti bestreut. Schau sie Dir genau an. Wie groß sind Deine Sonnen und welche Form haben sie? Sie strahlen die Wärme aus, die für Dich angenehm ist. Bei jeder Bewegung zeichnen sie ein leuchtendes Bildmuster auf Deinen Körper.

Langsam bewegen sich nun Deine Sonnen Richtung Zeigezehen, auf denen sie kurz verweilen, bevor sie Deinen Mittelzeh erreichen.

<u>2 Atemzüge Pause</u>

Auf dem Ringzeh angekommen, springen sie auch schon auf Deine kleinen Zehen und bleiben dort einen Moment liegen. Spürst Du die hinterlassene Wärme der Sonnen?

<u>2 Atemzüge Pause</u>

Ohne Dich zu kitzeln, schlängeln sie sich weiter unter Deinen Füßen entlang bis hoch zu Deinen Fußknöcheln, die sie sanft und behutsam umschlängeln.

<u>2 Atemzüge Pause</u>

Langsam kreisend beginnen sie nun Deine Waden, wie bei einer leichten Massage, mit schwungvollen Streichungen großzügig auszustreichen.

<u>1 Atemzug Pause</u>

An Deinen Kniescheiben angekommen, schlängen sie sich in ruhigen, rhythmischen Bewegungen um Deine Oberschenkel herum, bis sie Deine Hüftknochen erreicht haben, um sich dort schmusend anzuschmiegen.

<u>1 Atemzug Pause</u>

Von dort aus durchströmen und entspannen nun die gleichmäßig warmen Linien, die die Sonnen auf Deinen Füßen, Waden und Oberschenkeln hinterlassen haben. Wenn Entspannung spürbar wäre, müssen Deine Beine und Füße jetzt wohlig kribbeln.

<u>3 Atemzüge Pause</u>

Langsam, auf und ab schwingend, malen die Sonnen nun über Deinen Unterbauch bis zum Nabel hinauf Unendlichkeitsachten. Ihr Schwung ist dabei sanft massierend.

2 Atemzüge Pause

Stelle Dir jetzt Deine Lieblingsmusik vor, denn genau in diesem Rhythmus bewegen sich Deine Sonnen nun ganz zart zu Deinem Oberbauch, über die Brust bis hoch zu den Schultern, wo sie wie beschützende Hände liegen bleiben.

5 Atemzüge Pause

Deine Füße, Deine Beine, Dein Bauch, Dein Brustkorb und Deine Schultern fühlen sich warm und entspannt an. Die Sonnen geben Dir das Gefühl, behütet und geborgen zu sein.

Zart umsorgen die Sonnen nun in ausgeprägten Auf- und Abwärtsbewegungen einfühlsam und vorsichtig Deinen Hals.

2 Atemzüge Pause

Sie streichen nun sanft und wohltuend über Dein Kinn.

2 Atemzüge Pause

Vorsichtig malen sie klitzekleine Kreise auf Deinen Wangen und noch kleinere auf Deinen Nasenrücken.

2 Atemzüge Pause

Die Sonnen gleiten nun wie streichelnde Hände über Deine Stirn, die eine extra Protion Wärme gerne annimmt.

<u>2 Atemzüge Pause</u>

Von dort bewegen sich Deine Sonnen gleitend seitlich zu Deinen Ohren und weiter herunter zu Deinen Nacken, den sie mit rotierenden Bewegungen durchkneten. Kannst Du es spüren? Auch hier hinterlässt das Strahlenlicht der Sonnen eine wohlige Wärme und lockert Deine Nackenmuskulatur.

<u>2 Atemzüge Pause</u>

An den Schultern vorbei massieren sie nun mit leichtem Druck Deine Oberarme, umkreisen danach Deine Ellenbogen und Deine Unterarme.

<u>2 Atemzüge Pause</u>

Deine Hände und jeder Finger werden vom Sonnenlicht kreisend umspielt.

<u>2 Atemzüge Pause</u>

Dein Oberkörper, Dein Gesicht, Deine Arme und Deine Hände sind durchwärmt und locker.

<u>1 Atemzug Pause</u>

Gut gelaunt schwingen die Lichtkörper Richtung oberer Rücken bis hinab zu Deinem unteren Rücken.

<u>3 Atemzüge Pause</u>

An Deiner Oberschenkelmuskulatur ange-kommen, hinterlassen sie bis hinunter zu Deinen Waden ein schwingendes Muster Deiner Wahl.

<u>4 Atemzüge Pause</u>

Jetzt haben sie wieder Deine Füße erreicht und setzen sich wie am Anfang unserer Körperreise wieder auf Deine großen Zehen.

2 Atemzüge Pause

Eine wohlige Wärme umhüllt Deinen entspannten Körper. Schaue Dir in aller Ruhe die vielen Bilder an, die die Sonnen hinterlassen haben.

5 Atemzüge Pause

Langsam entfernen sich die Lichtkörper von Dir. Deine Gedankenwelt, die immer weiter in Dein Bewusstsein möchte, bringt Dich Stück für Stück ins Hier und Jetzt zurück. Bevor Du Deine Augen öffnest, recke und strecke Dich ausgiebig. Wenn Du Dich richtig wach fühlst und hier im Raum ankommen möchtest, schenke Dir ein Lächeln und öffne erst dann Deine Augen.

Der Magie-Klangteppich *Klangschalenreise*

Lege Dich bequem hin, so dass es sich für Dich gut anfühlt. Schlieeine Matte sinken.
Um die Muskelanspannungen des Tages ganz von Dir abfallen zu lassen, ziehe bitte beim nächsten Atemzug Deine Schultern hoch zu Deinen Ohren und beim Ausatmen drücke sie hinunter zu Deinen Füßen und bringe sie sofort wieder zur Mitte in eine natürliche, bequeme Haltung zurück.

<u>1 Atemzug Pause</u>
Nimm jetzt einen Atemzug, der tief in Deinen Bauch geht. In Deiner Vorstellung lasse beim Ausatmen den Alltag und die Gedanken, die Dich gerade beschäftigen, mit der Ausatmung einfach ausströmen.

<u>2 Atemzüge Pause</u>
Spüre und beobachte, wie Dein gleichmäßiger und ruhiger Atem kommt und geht, wie er durch das Heben und das Senken Deines Brustkorbes bis in Deinen Bauch hinein immer gleichmäßiger wird. Mit jeder Einatmung füllst Du Deine Lungen und damit Deinen ganzen Körper mit neuen Energien auf, mit jeder Ausatmung sinkst Du tiefer und tiefer in die Entspannung.

<u>2 Atemzüge Pause kleine oder mittlere Klangschale</u>

Lass Dich mitnehmen von den Klängen, die sich wie eine große Decke im Raum ausgebreitet haben, und sei gespannt darauf, wie sich eine angenehme Ruhe friedvoll in Dir ausbreitet.

3 Atemzüge mittlere Klangschale

Die Klänge laden Dich jetzt ein, mit ihnen auf eine Reise zu gehen. Sie sind wie ein Teppich, der weich, flauschig und mit vielen Kissen und Decken ausgestattet ist. Für diese Reise ist es Dein Zauberklangteppich, der Dich behutsam trägt und Dich in eine andere schöne Welt tragen möchte.

1 Atemzug Pause

Stell Dir nun vor, Du sitzt oder liegst auf Deinem Zauberklangteppich. Du fühlst Dich wohl und geborgen auf Deinem Teppich. Kuschle Dich ein und, als hätte er nur auf Dich gewartet, schwebt er langsam mit Dir in einer angenehmen Lufthöhe dem Himmel entgegen.

2 Atemzüge mittlere Klangschale

Der leichte Flugwind ist angenehm warm, ganz so, wie Du es möchtest. Du spürst, wie alle noch vorhandenen, störenden Gedanken mit dem Flugwind davongleiten und Du sie leicht und locker loslassen kannst. Am Himmel begrüßt Dich die lächelnde Sonne mit ihren leuchtenden Strahlen, die Dich sanft berühren.

5 Atemzüge mittlere und große Klangschale

Du hörst ein leises Rauschen. Ja, es ist das Rauschen des Meeres, das der Flugwind zu Dir bringt. Du lauschst den Wellen, hörst jetzt deutlich ihr immer wiederkehrendes stetes Kommen und Gehen. Du kannst das Meer auch riechen, dieser feine, salzige Geruch des Wassers, der Dich an schöne Urlaubstage erinnert.

2 Atemzüge große Klangschale

Dein Klangteppich schwebt nun mit Dir über kleine Dörfer, riesige Felder und über Landschaften die es nur in Deiner Fantasie gibt. Je länger Du über das Land fliegst, desto mehr wird Dein Klangteppich zu Deinem Zuhause. Es ist ruhig und still und Du treibst mit Deinem Zauberklangteppich im sanften Flug langsam einem Berg entgegen.

3 Atemzüge große Klangschale

Von kleinen Wölkchen umschwebt und wie in Watte gepackt liegt er friedlich vor Dir und Du hast den Eindruck die angenehme, schwere Ruhe des Berges zu fühlen. Dein Zauberklangteppich gleitet nun auf die begrünte Bergspitze zu. Die kleinen Wölkchen bilden eine Gasse für Dich und machen Dir wie von Zauberhand den Weg frei, um auf die Spitze des Berges zu gelangen.

2 Atemzüge große Klangschale

Dort angekommen, empfängt Dich eine wundervolles Stück Natur. Fast unbemerkt setzt Dich Dein Teppich an einer schönen Stelle ab. Du nimmst Dir an diesem Platz ein paar Momente Zeit, um die Ausicht zu genießen. Vielleicht auch, um ein wenig spazieren zu gehen oder über das Land Deiner Fantasien zu schauen. Lass es Dir jetzt gut gehen, genieße den Frieden dieses Ortes und die Magie des Berges.

8 Atemzüge Pause mittlere und große Klangschale

Dein Zauberklangteppich setzt sich nun langsam wieder in Bewegung und bringt Dich durch die geöffneten Wölkchen wieder vorbei an den Dörfern Deiner Fantasie und an das in leichten Wellen ruhige Meer hier in den Raum zurück.

3 Atemzüge Pause und die die Schalen ausklingen lassen

Nun wird es wieder Zeit, ins Hier und Jetzt zurück zu kommen

2 Atemzüge Pause

Beginne jetzt damit, Deinen Körper ausgiebig und langsam zu recken und zu strecken. Lass Dir dafür die Zeit, die Du brauchst, und wenn es sich für Dich richtig anfühlt, schenke Dir ein Lächeln und öffne Deine Augen.

Gunung Kawi „der Berg der Poesie" auf Bali

Lege Dich bequem hin, so wie es sich für Dich am gemütlichsten anfühlt und schließe Deine Augen. Freue Dich auf die Zeit nur für Dich und genieße es, nichts zu tun.

Um die Muskelanspannungen des Tages ganz von Dir abfallen zu lassen, ziehe bitte beim nächsten Atemzug Deine Schultern hoch zu Deinen Ohren und beim Ausatmen drücke sie hinunter zu Deinen Füßen und bringe sie sofort wieder zur Mitte in eine natürliche, bequeme Haltung zurück

<u>2 Atemzüge Pause</u>

Beobachte nun Deinen Atem, ohne ihn zu beeinflussen. Gleichmäßig und gelassen durchströmt er Deinen entspannten Körper. Um Deinen Luftzug noch intensiver zu spüren, lege Deine Zunge beim Einatmen an den Gaumen und bei der Ausatmung durch den leicht geöffneten Mund lasse sie einfach wieder fallen. Mit jedem Atemzug, der durch das Heben und Senken Deines Brustkorbes bis tief in Deinen Bauch hineingleitet, kommst Du in eine immer tiefere Entspannung.

<u>2 Atemzüge Pause</u>

Dein Körper fühlt sich immer leichter oder auch schwerer an. Nehme aufkommende Gedanken kurz wahr und ohne sie zu bewerten, verschließe sie in eine schöne Schachtel, die Du später wieder öffnen kannst.

Bevor wir uns nun auf die schöne Reise zum Gunung Kawi, dem Berg der Poesie, auf Bali machen, stelle Dir vor, das Du durch ein weit geöffnetes, weißes Tor gehst.

Es ist einer der ersten warmen Frühlingstage. Die noch nicht so kräftige Sonne am Himmel wird von ein paar kleinen Wattewölkchen in den Tag gebracht. Unternehmungslustig, wach und voller Tatendrang freust Du Dich auf einen Tag ganz nach Deinen Vorstellungen. Du trägst Dein Lieblingsoutfit, setzt Deine Sonnenbrille auf...

......und siehst vom Berg der Poese, soweit das Auge reicht, gigantische Reisfelder.

2 Atemzüge Pause

Der Sage nach, kratzte der Riese namens Kebo Iwa der Friedliche, am Fuße des Berges in einer Nacht neun bis zu sieben Meter hohe Figuren mit seinen bloßen Fingernägeln aus dem Fels heraus. In der Morgendämmerung, so sagt man, war sein Werk getan und er verließ mit großen Schritten übers Meer das Land.

Schau Dich um, eingebettet in einer terrassenförmigen Landschaft kannst Du auf die weitläufigen Reisfelder, von den Ureinwohnern auch liebevoll die „Himmelstreppen der balinesischen Götter" genannt, sehen.

2 Atemzüge Pause

Die in traditioneller Kleidung arbeitenden Reisbauern, die mit ihren Wasserbüffeln langsam über die schönen, uralten Felder ziehen, sehen teilweise wie Punkte in diesen schönen, uralten Feldern, die bis zum Horizont reichen, aus. Gerade jetzt in der Erntezeit kannst Du viele Helfer beobachten, wie sie ihre Felder abernten.

Sie tragen auf ihren Köpfen dazu einen Tisch mit den Beinen nach oben und einen darauf liegenden Tisch mit den Beinen nach unten, um ihre dazwischen liegenden Reissäcke sicher ans Ziel zu bringen.

Schau Dir das Treiben auf den Feldern für ein paar ruhige Atemzüge an.

<u>2 Atemzüge Pause</u>

Vor Dir liegt eine in den Fels gehauene unebene Steintreppe. Es sind 315 kleine Steinstufen die Dich nun hinunter ins Tal begleiten, wo Du Dir den sagenumwobenen Tempelkomplex mit den Königsgräbern ansehen kannst.

<u>2 Atemzüge Pause</u>

Entlang der Stufen, die direkt an die Reisfelder angrenzen, gehst Du an kleinen, strohgedeckten Hütten, die im Schatten von riesigen Palmen stehen, entlang. Vor ihnen sitzen Frauen, die bunte Kleidung nähen oder verschieden große Buddha Figuren aus Ton schleifen. Sie laden Dich mit einer Handgeste ein, um Dir ihre Waren anzubieten. Schau Dich mal um.

2 Atemzüge Pause
Wieder auf der Treppe angelangt, sind es nur noch ein paar Stufen, bis Du das grüne Tal erreichst.

2 Atemzüge Pause
Auch hier begleiten Dich wieder riesige Palmen zu der vor Dir liegenden Steinbrücke, an deren Ende sich ein kleiner, glasklarer Naturteich befindet, wo Du Dich ein wenig erfrischen kannst.

2 Atemzüge Pause
Nun läufst Du weiter bis zum Eingang der antiken Stätte der Königsgräber. Dort steht ein Krug, gefüllt mit heiligem Wasser, das Du Dir jetzt mit einem Baumbuspinsel zur Reinigung auf beide Hände streichst. Auf einem kleinen Schild links neben Dir kannst Du lesen:
„Bitte nur mit guten Gedanken betreten, damit diese Dich den ganzen Tag begleiten."

2 Atemzüge Pause
Bei den Gedenkstätten angekommen, stehst Du vor vier Königs-Grabmälern, die beeindruckend mystisch wirken. Lass Dich beeindrucken von diesem Moment der Ruhe und von der Magie dieser Monumente und versuche, Dir vorzustellen, wie der Riese Kebo Iwa dieses einmalige Kunstwerk erschaffen hat.

2 Atemzüge Pause
Nun geht es weiter nach rechts zu dem labyrinthartig angelegten Heiligtum der Tempelanlage, das

man nur barfüßig betreten darf. Schau kurz mal rein, Du wirst dort viele Gläubige sitzen sehen, die hier jeden Tag meditieren.

1 Atemzug Pause

Um zu den anderen fünf Grabmälern zu gelangen, gehst Du über eine kleine, mit Tieren verzierte Steinbrücke, die über den heiligen Fluss Parkerisan führt. Der Fluß hat magische Heilwirkungen und führt beide Teile dieser Stätte zusammen.

Bleibe für ein paar Augenblicke auf der Brücke stehen und schaue in das fließende, klare Wasser und genieße die leichte, kühle Windbrise, die Dir entgegen strömt.

2 Atemzüge Pause

Auf der nicht weit von Dir entfernten Steinbank kannst Du die fünf weiteren Grabsäulen sehen und und in der mystischen Ruhe, die diese sagenumwobene Stätte umgibt, verweilen.

Vielleicht kannst Du hier einige balinesischen Götter sehen...

3 Atemzüge Pause

Ausgeruht machst Du Dich wieder auf den Rückweg, gehst voller Schwung die Steinstufen wieder hinauf, schaust dabei immer wieder rechts und links über die unendlichen Reisfelder, winkst den netten Frauen zu und gehst durch das weiße, geöffnete Tor, um wieder ins Hier und Jetzt zu gelangen.

5 Atemzüge Pause

Langsam weichen die inneren Bilder aus Deinem Geist, Du nimmst bewusst Deinen ruhigen Atem wahr und spürst immer deutlicher Deine Unterlage.

1 Atemzug Pause

Um wieder ganz in Deinem Alltag anzukommen, recke und strecke Dich ausgiebig. Nimm Dir genug Zeit dafür und wenn Du bereit bist, hier anzukommen, schenke Dir wie immer ein liebevolles Lächeln und öffne Deine Augen.

Wünsch Dir was

Ja, endlich ist sie wieder da, Deine Entspannungszeit. Lege Dich bequem hin und schließe Deine Augen. Lasse den heutigen Tag noch einmal kurzzeitig an Dir vorbei gehen, damit Du mit allen Sinnen bei Dir und hier sein kannst.
Um die Muskelanspannungen des Tages ganz von Dir abfallen zu lassen ziehe bitte beim nächsten Atemzug Deine Schultern hoch zu Deinen Ohren und beim Ausatmen drücke sie hinunter zu Deinen Füßen und bringe sie sofort wieder zur Mitte in eine natürliche, bequeme Haltung zurück.
2 Atemzüge Pause
Nun bist Du bereit, Deinen Atem wahrzunehmen, ohne ihn bewußt zu beeinflussen. Gleichmäßig bahnt er sich seinen Weg bei der Einatmung vom Brustkorb bis tief in Deinen Bauch hinein. Mit jeder Ausatmung verlässt der Alltag Deinen Geist und mit jeder Einatmung nimmst Du Ruhe und Gelassenheit in Dir auf. Jeder Atemzug beruhigt Deinen Geist und eine angenehme Stille macht es sich bequem bei Dir.
2 Atemzüge Pause
Bevor Du Dich auf die Reise ins Schnuw-Land machst, fühle noch einmal nach, ob Du immer noch gemütlich liegst, und falls nicht, verändere noch einmal Deine Liegeposition.

1 Atemzug Pause

In dem schönen Schnuw-Land, musst Du wissen, nehmen sich alle Bewohner Zeit für Menschen, die Unterstützung benötigen, sich einen Herzenswunsch zu erfüllen. Sie wissen alle, wie wunderschön es sich anfühlt.

Bevor Du gleich durch das große, weiße Tor gehst, nimm Dir ein paar Momente Zeit, Deinen Herzenswunsch für Dich hier und jetzt zu formulieren, den Dir der große Reigam erfüllen möchte.

3 Atemzüge Pause

Bereit für Deine Reise und nur noch 20 Schritte vom großen, weißen Tor entfernt, kannst Du erkennen, das es nur angelehnt ist. Viele leise Stimmen werden, je näher Du kommst, lauter. Hör mal genau hin, ja, sie rufen Deinen Namen, und im Hintergrund spielt eine Kapelle natürlich Deine Lieblingsmusik. Kannst Du sie hören?

2 Atemzüge Pause

Öffne nun das angelehnte Tor...

Was für ein Fest. An einer breiten, mit riesigen Blumengirlanden geschmückten Treppe aus farbigen Natursteinen entlang stehen die einheimischen Bewohner für Dich Spalier. Sie jubeln und winken Dir zu. Sie möchten mit Dir Deine bevorstehende Wunscherfüllung feiern. Immer wieder rufen sie: "Wir haben uns auf Dich gefreut. Wie schön, dass Du bei uns bist. Heute ist

Dein Glückstag und wie schön Du aussiehst." Die gute Laune der vielen Menschen ist ansteckend. Du freust Dich über diesen herzlichen, ausgelassenen Empfang und winkst Ihnen lächelnd entgegen.

2 Atemzüge Pause

Neben Dir steht eine bunt geschmückte Sänfte mit dicken, weichen Kissen ausgestattet. Vier kräftige Tempelträger tragen Dich jetzt an allen Dir zujubelnden Einwohner der Stadt vorbei. Die Tempelträger setzen die Sänfte an vielen Stellen ab, damit Du Gelegenheit hast, fast jedem die Hand zu geben oder zu umarmen. Manche möchten auch kurz mit Dir zu Deiner Lieblings- musik tanzen.

Es ist ein wunderbares Gefühl für Dich. Alle sind gekommen ,um Dich zu sehen und zu feiern. So eine Wunscherfüllung ist auch für sie immer wieder aufs Neue ein besonderes Erlebnis, das hier niemand verpassen möchte. Ist das schön, tanze und singe mit ihnen. Lass Dich feiern:)

3 Atemzüge Pause

Unten angekommen, hilft Dir eine Reigam Emad aus der Sänfte. Sie trägt ein schlichtes, weißes langes Kleid mit einem lila Umhang. Ihr Haar ist mit einem Kranz aus weißen Blumen geschmückt. Die Tempeldiener verneigen sich kurz und bedanken sich dafür, das Sie Dich die Treppe hinunter tragen durften.

2 Atemzüge Pause

Die Emad des Reigam führt Dich auf einem mit Blüten bestreuten, weichen, schmalen und geschlängelten Weg zu einem Rosengarten, in dem sich ein kleiner, klarer Badesee befindet. Dort darfst Du unter dem Schutz von riesigen Rosensträuchern ein Bad nehmen. Die Emad hat Dir ein paar mit Rosenöl getränkte, weiche Schwämme bereitgelegt. Rieche mal, dieser Duft.

3 Atemzüge Pause

Die Emad reicht Dir ein farbiges Badetuch und legt Dir, während Du Dich abtrocknest, ein locker fallendes Gewand bereit. Sie bürstet Dein Haar und setzt Dir einen kleinen Turban auf. Schick siehst Du aus. Du kannst Dich jetzt in einem bereitstehenden bequemen Sessel setzen. Vor Dir auf einen Tisch liegt für Dich ein Bogen Papier, ein Umschlag und ein Stift bereit. Du hast jetzt ein wenig Zeit, Deinen Herzenswunsch für den Reigam aufzuschreiben. Wenn Du fertig bist, verschließe den Umschlag.

3 Atemzüge Pause

Die Emad und die vier Tempeldiener begleiten Dich nun zum Schnuw-Tempel, wo der Reigam Dich bereits erwartet. Der Weg dorthin ist auch wieder mit duftenden Rosenblüten geschmückt. Auf einer Holzbrücke angekommen, hast Du ein Panoramabild auf das ruhig liegende, türkisblaue Meer und die etwas bergige Landschaft am

Horizont. Es weht ein leichter Sommerwind, von dem sich unzählige Schmetterlinge tragen lassen. Bleibe kurz stehen und schau Dich ein wenig um.

3 Atemzüge Pause

Hinter der Brücke gehst Du allein eine lange, mit einem dezenten blau gemusterten Teppich ausgelegte, leicht zum Tempel ansteigende Treppe hinauf, die Dich zu dem Empfangsraum des Reigam führt. Rechts und links kannst Du immer noch aufs Meer schauen, denn der Tempel befindet sich auf einer kleinen Insel.

1 Atemzug Pause

Oben angekommen, lächelt Dir der Reigam strahlend entgegen und bittet Dich mit einer Handgeste ins Tempelzimmer. Schau Dich um in diesem sonnendurchfluteten Raum.

2 Atemzüge Pause

Ihr setzt euch in zwei gegenüberstehende, weiche Sesselm die durch einen kleinen Tisch getrennt sind. Ja, jetzt ist es soweit. Du übergibst dem Reigam Deinen Umschlag, der ihn mit Handzeichen und mit nicht übersetzbaren Worten weiht. Die Zeremonie dauert ein paar Augenblicke. Lass Dich von der Magie des Moments einfach gefangen nehmen...

4 Atemzüge Pause

Der Reigam steht auf, verneigt sich und gibt Dir Deinen Umschlag zurück.

Damit die Wunscherfüllung in Gang gesetzt wird, überreicht er Dir eine Papierrolle, auf der eine kleine Anleitung zur Wunscherfüllung steht. Danach verabschiedet er sich herzlich von Dir und verlässt den Raum. Nun kannst Du die Papierrolle öffnen. Dort steht

<u>Dein Wunsch</u>
Schreibe Deinen Herzenswunsch in der Gegenwartsform auf. Benutze bitte dabei keine verneinende Wörter wie „ kein, nicht".

<u>Der Glaube</u>
Glaube, dass Dein Wunsch bereits erfüllt ist. Zweifle ihn nie an!

<u>Der Empfang des Wunsches</u>
Beginne damit, Dich mit Deiner Wunscherfüllung wunderbar zu fühlen, als wäre es erfüllt.

Ein kleines Beispiel
Wenn Du Dir ein neues Auto gewünscht hast, stelle Dir vor, wie es aussieht, wie Du Dein neues Auto lenkst, wie sich der Sitz anfühlt...

<u>2 Atemzüge Pause</u>
Glücklich verlässt Du den Raum, steigst die Treppe langsam Stufe für Stufe bis zur Brücke hinunter, wo Dich die Emad und die Tempeldiener schon erwarten. Nun kannst Du Dich entscheiden, ob Du mit der Emad den gleichen Weg zurück gehst, um noch einmal mit den Einheimischen zu feiern, und Dich mit der Sänfte zum weißen Tor tragen lässt oder die Tempeldiener bringen Dich

mit einem blumengeschmückten Boot über das ruhige Meer zum Tor zurück.
Welchen Weg Du auch immer wählst, genieße ihn in vollen Zügen.

<u>6 Atemzüge Pause</u>

Am weißen Tor angekommen, bringt Dich jeder Atemzug ins Hier und Jetzt zurück. Bevor Du Deine Augen öffnest, recke und strecke Dich ausgiebig und schenke Dir abschließend ein wunderschönes Lächeln.

Du triffst heute Deinen Schutzengel

Wenn Du bequem liegst, schließe bitte Deine Augen.

Um die Muskelanspannungen des Tages ganz von Dir abfallen zu lassen, ziehe bitte beim nächsten Atemzug Deine Schultern hoch zu Deinen Ohren und beim Ausatmen drücke sie hinunter zu Deinen Füßen und bringe sie sofort wieder zur Mitte in eine natürliche, bequeme Haltung zurück.

1 Atemzug Pause

Dein Atem fließt in Deinem Rhythmus ganz gleichmäßig durch die Nase ein und durch Deinen leicht geöffneten Mund wieder aus. Bei der Einatmung hebt sich Deine Bauchdecke und bei der Ausatmung senkt sie sich wieder. Du kommst immer mehr und mehr zur Ruhe und eine innere Stille nistet sich bequem bei Dir ein.

2 Atemzüge Pause

Alle Gedanken, die jetzt Deine Aufmerksamkeit haben möchten, nehme sie kurz wahr und lasse sie auf einer Wolke, die alle mitnimmt, weiterziehen, oder lege sie einfach in eine schöne Schachtel die Du später wieder öffnen kannst.

1 Atemzug Pause

Es ist ein schöner Frühlingstag, Du fühlst Dich gut und freust Dich darauf, gleich Deinen Schutzengel zu treffen. Stelle Dir nun vor, dass Du durch ein großes, weißes Tor gehst...

1 Atemzug Pause

Du stehst vor einer langen, mit einem roten Teppich ausgelegten Treppe, die Dich hinunter zu einem lichten Park, mit großzügig angelegten Grünflächen, vielen kleinen Baumgruppen, blühenden Sträuchern und einem Fluss bringt, an dem sich ein breiter Weg entlangschlängelt. In der nahen Ferne kannst Du schon das kleine Dort sehen, wo Du Deinen Schutzengel treffen wirst. Es riecht nach Wildblumen, die ihren angenehmen Duft überall verbreiten. Im Licht der Morgensonne sieht alles noch viel grüner und bunter aus.

2 Atemzüge Pause

Du schlenderst locker den breiten Weg an dem Fluss entlang. Mit jedem Schritt wirst Du gelassener und entspannter. Jetzt erst bemerkst Du die vielen verschiedenen Steine, die der Fluß für die Sommermonate freigegeben hat. Die Ecken und Kanten der Steine sind rundgespült und ein wenig bemoost. Beim genauen Hinsehen kannst Du mit viel Fantasie eine liegende Nixe erkennen, die sich von einer Wasserschildkröte durch den Fluß ziehen lässt. Das Wasser ist so klar, das Du jede Pflanze und bunte kleine Steine auf dem Flussgrund erkennen kannst. Eine kleine Bank lädt Dich zu einer kurzen Pause ein. Hier kannst Du ein paar wärmende Sonnenstrahlen einfangen und Dich umschauen

2 Atemzüge Pause

Weiter geht es auf dem Weg, bis Du an einer Weggabelung Richtung „Weises Dorf" kommst. Der Pfad bringt Dich an einem blühenden Rapsfeld vorbei. Begleitet wirst Du von einigen Schmetterlingen, die sich gelassen vom leichten Wind in den Tag tragen lassen.

2 Atemzüge Pause

Jetzt im Dorf angekommen, kannst Du Dir die vielen kleinen, weißen, einzeln stehenden Häuser mit roten Dächern und den davor schön gestalteten Gärten ansehen. Der Fluß ist hier zu einem Bach geworden, dessen Ufer von den Anwohnern liebevoll mit verschiedenen Gräsern und Seeblumen bepflanzt worden ist. Du kannst eine Froschfamilie beobachten, die sich gerade für den Tag frisch macht.

2 Atemzüge Pause

In dem vor Dir liegenden, rundenn weißen Haus, das mit einem Zwiebeldach aus bunten Mosaiken verziert ist, wirst Du gleich Deinen Schutzengel treffen. Es hat große, weit geöffnete Fenster, die bis auf den Boden reichen. Die Hauswände sind schlicht gestaltet. Ein großes, einladendes Eingangstor ist weit geöffnet. In der Tür stehend kannst Du Dich in dem großen hellen und warmen Raum, der lichtdurchflutet ist, umschauen. Der

Boden ist mit Fließsteinen in warmen Braun- und Sandtönen marmoriert. Die Wände sind wie außen mit den eingearbeiteten Mamorsäulen, die bis an die Decke reichen, schön gestaltet. Die Decke ist mit den Erzengeln kunstvoll bemalt. Hier ist er, der Platz, an dem Du gleich Deinen Schutzengel treffen wirst. Trete ein und schaue Dich in Ruhe um.

2 Atemzüge Pause
Du hast jetzt einige Momente Zeit, Deinen Schutzengel zu rufen. Vielleicht willst Du erfahren, wie er heißt. Sage jetzt einfach Deinen Namen und lade Deinen Schutzengel ein, mit Dir ein paar Momente zu verbringen.

30 Atemzüge Pause *-falls vorhanden große Klangschale spielen-*
Jetzt wird es langsam Zeit, Dich von Deinem Schutzengel zu verabschieden.

3 Atemzüge Pause
Langsam machst Du Dich auf den Heimweg zurück. Läufst an den schönen Gärten vorbei, riechst noch einmal das frische Wasser des Flusses und den schönen Duft der Wildblumen. Du fühlst Dich glücklich und zufrieden.

3 Atemzüge Pause
Nachdem Du die große Treppe zum Tor hoch gelaufen und bereit bist im Hier und Jetzt wieder anzukommen, nehme Deine Auflagepunkte noch einmal wahr. Spüre, wie leicht Deine Fersen,

Waden und Oberschenkel aufliegen, wie entspannt Deine Schultern und Dein Kopf und Deine Gesichtsmuskulatur ist. Bewege Deine Hände, strecke Deine Arme nach oben, ziehe Deine Zehen nach oben und strecke dabei Deine Beine durch.
Wenn Du Dich wach fühlst, schenke Dir ein Lächeln und öffne Deine Augen.

Zeitfracht Medien GmbH
Ferdinand-Jühlke-Straße 7
99095 Erfurt, Deutschland
produktsicherheit@kolibri360.de